Paul KALT

Souvenirs de jeunesse.
1939 – 1945.
J'ai été un « Malgré-nous ».

© 2015 Alain Kalt
Editeur BoD – Books on Demand
12/14 rond-point des Champs Elysées
75008 Paris
Impression BoD – Books on Demand, GmbH, Norderstedt
Allemagne

ISBN : 9 782322 020737

Dépôt légal : octobre 2015

Sommaire.

Préambule.

Il ne s'agit pas d'une œuvre littéraire mais du récit des évènements qui, l'âge aidant, me reviennent en mémoire et qui concernent cette terrible période de ma vie durant laquelle j'ai échappé plusieurs fois à un destin fatal.

Toi, mon ami, mon compatriote qui a vécu ces heures tragiques, puissent ces quelques lignes t'aider à retrouver la paix et pardonner à ceux par qui tout ceci est arrivé. Et toi mon enfant, que tout ceci reste dans ta mémoire et soit transmis à tes descendants, et ainsi de suite, aussi longtemps qu'il le faudra, tant que les êtres humains n'auront pas appris à se respecter, à honorer toute vie sur Terre sachant que nous respirons tous le même air.

Partage maintenant l'émotion que je ressens lorsque je me remémore la longue suite d'évènements qui ont jalonné la route de ma jeunesse pendant la guerre 39-45.

État-civil.

Je suis né à Kaysersberg dans le Haut-Rhin, le 31 août 1921. Mon père, Désiré Kalt y remplissait les fonctions de chef de gare du petit train qui circulait dans la vallée. Ce petit train a d'ailleurs été décrit par le dessinateur Alsacien Hansi, célèbre à l'époque pour ses esquisses humoristiques anti-Allemandes. Cet écrivain et caricaturiste, honni des Allemands, avait un jour pris le petit train de Colmar à Kaysersberg. Il avait alors écrit que ce train effectuait dans cette dernière gare une série de manoeuvres dont il n'avait jamais compris le sens. En réalité, la machine à vapeur devait prendre de l'eau pour poursuivre son chemin, ce qui justifiait ces procédures. Il avait également prétendu que « d'intrépides voyageurs continuaient leur périple vers le fond de la vallée » parce qu'il pensait qu'il s'agissait d'une véritable expédition.

Ma mère, Marie Kalt, née Fischer, est décédée en septembre 1938.

J'avais un frère René plus âgé de 14 ans, qui après une carrière dans les Postes s'était établi à Cannes dans les Alpes Maritimes où il a exercé durant de longues années les fonctions d'inspecteur des Postes et télécommunications.

Ma sœur Maria plus âgée elle aussi, a épousé Armand Meister, qui exerçait des fonctions importantes à la SNCF.

Mon père est décédé fin juillet 1949. Aujourd'hui ni mon frère, ni ma sœur ne sont plus de ce monde.

J'ai été élevé dans une famille dans laquelle on cultivait le patriotisme et l'amour de notre pays, la France.

Avant l'annexion de l'Alsace.

De mes études, il ne me reste que des souvenirs de moments difficiles mais heureux. L'école primaire de Kaysersberg était excellente et les instituteurs de l'époque compétents et sévères. Puis j'ai eu la chance de faire mes études secondaires dans un des meilleurs lycées du Haut-Rhin, à Colmar, le lycée Bartholdi. Pour y entrer, il fallait subir un examen. A l'époque, il n'existait que trois ou quatre lycées publics dans le haut Rhin. En cas de travail insuffisant ou d'indiscipline, on était renvoyé dans nos familles et aucun autre établissement n'était tenu de nous accepter par la suite. C'est dire l'ambiance dans laquelle je fis mes études. Je réussis mon premier Baccalauréat en 1938 puis le deuxième l'année suivante (à l'époque il y en avait deux). Ma famille m'a toujours poussé à étudier. Nous n'étions que peu à avoir ce niveau d'études et le pourcentage de réussite était bien loin de nos quatre-vingts pour cent actuels. En fait j'ai été le seul bachelier de ma classe de quarante élèves à Kaysersberg.

Au printemps 1940, j'ai été nommé surveillant au lycée de Saverne, au Nord de Strasbourg. Comme par hasard ma sœur y habitait, son mari étant cadre à la SNCF.

Quelques jours avant la défaite Française, courant mai de cette même année, je quittais Saverne et accompagnais ma sœur pour rejoindre notre père à Kaysersberg. En effet, nous n'avions plus rien à faire dans cette ville où la population locale restait à attendre l'Armée Allemande. Quant à Armand, mon beau-frère, son devoir l'obligeait à rester en gare de Saverne et c'est sans doute peu de temps après qu'il a lui aussi été incorporé de force. Notre train s'est arrêté en gare de Ribeauvillé près de Colmar. La voie ferrée qui traversait l'Alsace du Nord au Sud venait d'être bombardée juste avant l'arrivée de notre convoi et le chef de gare est sorti en courant, portant un casque militaire en lieu et place de sa casquette réglementaire. Nous avons certainement eu beaucoup de chance d'arriver après les obus Allemands. Le chef de gare fit arrêter le train et empêcha la suite du voyage que nous avions prévu jusqu'à Colmar. Dans la cohue qui a suivi plus personne n'a retrouvé ses bagages. Ils étaient empilés en vrac dans un wagon réservé à cet effet. La mort dans l'âme, le train devant repartir vers Strasbourg, nous avons décidé de ne pas poursuivre avec ce convoi qui nous aurait mené on ne sait où. Nous sommes partis rejoindre Kaysersberg et les souvenirs de la fin de ce voyage s'estompent dans ma mémoire.

Nous avons à ce moment là, mon père et moi, décidé d'un commun accord de quitter l'Alsace. Le bruit s'était en effet répandu que tous les hommes de 16 à 66 ans devaient quitter l'Alsace et les Vosges pour rejoindre le Sud de la France.

Un matin donc, notre voyage débute à bicyclette avec pour objectif de rejoindre Cannes dans les Alpes maritimes, lieu de résidence de mon frère René, alors prisonnier militaire des Allemands en Suisse. En fait, mobilisé dans l'Armée française, son unité fut repoussée en Suisse. Ne pouvant re-passer la frontière il resta donc dans ce pays, ex-ploité comme un prisonnier par les Suisses.

Le 18 juin 1940, nous sommes arrivés à Belfort vers 5 heures du matin alors que les Allemands étaient déjà arrivés à Pontarlier dans le Doubs, se-lon les renseignements dont nous disposions. Ce fut ce jour là que mon destin s'est joué.

Sur le pont de la Semouze, mon père me laissa le choix de le quitter pour rejoindre notre famille dans le Sud ou de rebrousser chemin avec lui vers Kay-sersberg. Sans doute se sentait-il trop fatigué pour accomplir tout ce périple. En outre, le fait de savoir que les Allemands risquaient de nous couper la route l'incita à me proposer cette alternative. J'ai donc pris la décision dramatique, souhaitant ne pas laisser mon père seul face à nos ennemis, de le raccompagner chez nous. Nous sommes donc rentrés sans encombre le même soir, après avoir rencontré des troupes Allemandes qui nous laissèrent voyager sans problème. Ce fut donc le jour où commença l'occupation de Kaysersberg.

Enrôlé de force.

Ici, il convient de signaler ce que beaucoup de Français ont toujours ignoré, c'est que l'Alsace à ce moment là n'était pas occupée, mais annexée de fait au Reich Allemand, au mépris du Droit international. Les débuts de cette occupation ne furent pas particulièrement difficiles. Mais un soldat Allemand d'origine autrichienne me dit un jour :
- Pendant six mois ils vous laisseront tranquilles, mais après, gare à vous !
Il avait raison !

Pour survivre, étant hors de question que je retourne à Saverne où pratiquement tous les emplois de fonctionnaires passaient par l'administration Allemande, je dus d'abord travailler comme secrétaire à la mairie de Kaysersberg durant l'année 1941 puis en 1942 à la mairie de Kientzheim, un village voisin.

Une chape de plomb s'était abattue sur l'Alsace. Interdiction absolue de parler le Français, de porter le béret (symbole Français par excellence), d'écouter une radio étrangère et j'en passe. Le tout sous la menace de la GESTAPO avec à la clé une déportation en camp de concentration.

Une seule éclaircie se produisit dans ces nuages noirs. Je fis la connaissance d'une magnifique jeune fille en juillet 1941. Marthe Kleim et ses parents étaient venus se réfugier et habiter à Kaysersberg, après avoir fui Strasbourg. La capitale de l'Alsace avait en effet été vidée de ses habitants par les autorités françaises en raison de la proximité du front. Pour cette famille comme pour la mienne, ce n'était pas la première guerre à laquelle elles étaient confrontées.

Ce fut le coup de foudre réciproque. Malgré les terribles évènements que nous avons par la suite traversés, nous nous sommes mariés en 1947 et sommes restés fidèles à notre amour.

Un officier Allemand nous dit un jour que la Wehrmacht n'avait pas besoin des Alsaciens pour gagner la guerre. Mais nous savions bien, nous, dès 1942 qu'avec ou sans les Alsaciens, ils ne la gagneraient plus.

Le 25 août 1942, le « Gauleiter » Wagner, Gouverneur de l'Alsace mandaté par le « Führer », fit publier l'horrible décret daté du même jour, instaurant pour tous les Alsaciens ayant l'âge requis, le service obligatoire dans la Wehrmacht. Je ne devais pas échapper à cette contrainte sous peine de voir tomber ma famille dans les pires difficultés voire la déportation dans le camp du Struthof près de Schirmeck dans les Vosges.

En octobre 1942, je fus donc incorporé pour commencer dans le « Reicharbeitsdienst », Service de travail obligatoire pour l'Empire.

Marche en rangs serrés au Reicharbeitsdienst (service de travail obligatoire).

Novembre 1942.

Je n'apparais pas sur cette photo.

16

Journée habi-
tuelle dans le
camp de travail

*Je n'apparais
pas sur cette
photo.*

Ce service, outre le travail obligatoire sur les chantiers militaires, préparait les recrues à porter les armes au profit de la Wehrmacht.

Je fus libéré de ce service pour Noël 1942 avec la triste perspective de porter l'uniforme nazi. Un miracle se produisit à cette époque : la bataille de Stalingrad au cours de laquelle la 6ème armée Allemande fut anéantie par les Soviétiques. Ce fut le début de la fin du grand rêve Allemand, « le Reich qui devait durer mille ans ». Le plus difficile fut pour nous de camoufler notre joie. En fait, la fin de la 6ème Armée Allemande eut lieu en janvier 1943, mais les prémisses de cette défaite étaient connues dès la fin 1942. A partir de ce moment là, les Alsaciens se saluaient avec les mots de notre dialecte : « Nemi lang », ce qui signifiait : « Il n'y en a plus pour longtemps ». Hélas, il fallut encore deux ans et demi pour vaincre définitivement l'engeance nazie.

Je passais un congé heureux entre Marthe et mon père, mais la perspective de l'incorporation forcée ne nous laissa pas en profiter pleinement.

Le service dans l'armée Allemande coûta à l'Alsace près de 40 000 vies et d'innombrables blessés sur les différents champs de bataille. Combien il a dû être difficile pour tous ces Français, de mourir dans une armée ennemie pour une cause étrangère et ignoble.

Le funeste papier d'incorporation arriva finalement en mars 1943. La date du départ était fixée au 23 mars 1943. Je devais me présenter à Colmar, à l'ancien Hôtel National réquisitionné par les Allemands. Cette séparation compta parmi les instants les plus dramatiques de mon existence. Je devais d'abord quitter cette chère Marthe, l'amour de ma vie. Les larmes n'y ont rien changé, il fallait se séparer, peut-être pour toujours, avec une immense tristesse. Je pense encore aujourd'hui à cet évènement et toujours avec émotion 63 ans après ; je n'ai jamais pu effacer de ma mémoire que je devais cela à l'occupant nazi.

Ce fut ensuite au tour de mon père de prendre congé de son fils cadet. Mêmes causes, mêmes effets. Je dus laisser mon père seul avec la même douleur et le même ressentiment, pour ne pas dire plus, vis-à-vis des responsables de la catastrophe qui s'abattit sur l'Alsace, province de notre mère patrie la France.

Je pris donc le train pour Colmar, la mort dans l'âme. Je me suis présenté comme prévu à l'Hôtel National.

La Wehrmacht.

Nous nous retrouvâmes à huit devant un officier Allemand dont j'ai oublié le grade. Nous fûmes accueillis par un salut hitlérien rageur que nous avions, d'un commun accord, volontairement omis. Mais sur l'injonction menaçante du gradé nous avons fini par le prononcer nous aussi, bras droit levé. Ce fut mon premier contact avec la Wehrmacht.

Quelque temps après, on nous dirigea vers la gare de Colmar. Nous fûmes embarqués dans un train dans lequel nous rencontrâmes un certain nombre d'autres Alsaciens incorporés de force comme nous. Nous voyageâmes ainsi jusqu'à Cologne sur les bords du Rhin en Allemagne. Mais auparavant, lors de notre arrêt à Strasbourg, ma sœur Maria qui avait été prévenue je ne sais comment, me fit ses adieux sur le quai. Ce fut pour moi un nouveau déchirement. Cela ne m'empêcha pas néanmoins d'entonner un peu plus tard en traversant le Rhin avec mes infortunés compatriotes, une Marseillaise, au nez et à la barbe du nazi de service.

Le souvenir de ce passage du Rhin me revint en mémoire en retraversant le fleuve, mais en uniforme Français en 1952 ou 1953, pour une courte période dans l'Armée Française. Un indicible sentiment de revanche m'envahit ce jour là.

Il ne me reste pas de grands souvenirs de mon séjour à Cologne qui dura environ six semaines et où nous dûmes revêtir l'uniforme abhorré. Ce temps a tout de même suffi à nous faire comprendre ce qui allait nous arriver et l'entraînement des recrues dans l'Armée Allemande fut édifiant. Hurlements constants des cadres, maniements du fusil, exercices de marche au pas cadencé Allemand (plus lent que le pas cadencé Français), escalade d'un mur de trois à quatre mètres de haut, le tout accompagné de « pompes » et de vexations diverses et permanentes furent notre lot quotidien. Bref, c'était l'abc de la Wehrmacht.

Puis un jour nous avons été embarqués à destination de Hanovre. Là, dans la caserne de Bothfeld, nous avons eu notre dernière période de formation que je qualifierai plutôt de mise au pas définitive de notre contingent. Ce dernier était maintenant composé en partie d'Alsaciens bien mélangés avec des Allemands.

Hanovre.

La caserne de Bothfeld.

Je suis au centre de la photographie avec deux amis Alsaciens sous l'uniforme abhorré.

Avril 1943.

Ce fut une tranche de vie particulièrement dure tant sur le plan physique que sur le plan psychologique. Notre encadrement était surtout composé de caporaux qui compensaient leur faible niveau intellectuel par toute une série de méchancetés gratuites et d'insultes (en principe interdites par le règlement). Mais qui aurait eu l'audace, parmi les Alsaciens, d'aller se plaindre, au risque de voir se multiplier encore le nombre de brimades vengeresses, celles-ci, par contre, tolérées par le règlement. Le summum des exactions fut atteint lorsque l'on nous fit marcher au pas cadencé, le masque à gaz sur la figure avec obligation de chanter !

Tout ce que nous avons enduré durant ces semaines de formation nous fit comprendre pourquoi il était interdit dans l'armée Allemande d'envoyer les recrues au front en compagnie de leurs cadres d'entraînement.

Après le premier mois d'exercice, nous avons dû défiler au pas cadencé et en rangs serrés devant le Capitaine qui commandait les compagnies. Le résultat, dont j'ai encore aujourd'hui le souvenir, fut une incroyable réprimande, ce qui se fait de mieux dans le genre. Et nous avons été consignés à la caserne le dimanche suivant. Nos cadres en ont profité pour nous rendre la vie encore plus dure.

Un jour, durant ces semaines, nous avons été autorisés à jouer un match de hand-ball à onze. Nous avons pris soin de nous rassembler entre Alsaciens pour former une équipe. L'arbitre était un officier Allemand. Au cours de la rencontre nous avons échangé entre nous des expressions Alsaciennes de notre cru. Et voilà que l'arbitre, au milieu de la partie, siffle un arrêt de jeu, et s'adressant aux Alsaciens, nous donne l'ordre de ne plus parler Français entre nous. Nous avons eu beaucoup de mal à lui faire comprendre que nous n'avions utilisé que des extraits de notre patois Alsacien, ce qui pour une fois correspondait à la stricte vérité.

Il me faut relater également un épisode qui aurait pu tourner au drame pour moi. Nous fûmes un jour appelés à nous rendre à la gare de Hanovre, avec pour mission de charger du matériel militaire sur des wagons à plateaux. Soudain, vers onze heures du matin, les sirènes d'alarme annonçant une attaque aérienne se sont mises à mugir. Au même instant je vis tomber des bombes du ciel. L'alarme avait été donnée trop tard. Je me trouvais à ce moment-là au milieu du quai de la gare, entre deux voies, sans aucune protection. J'ai dû prendre une décision immédiate et choisir sur le champ un abri. Je ne me souviens si j'ai couru sur la voie de droite ou celle de gauche mais je me suis allongé de tout mon long contre le rebord d'un des deux quais. D'énormes explosions se produisirent au même moment. Une bombe est tombée de l'autre côté du quai, tout près du rebord opposé, soulevant un wagon à plateau qui retomba sur un wagon du même type qui se trouvait sur la voie voisine. J'avais donc choisi de m'abriter du bon côté du quai ! Ce fut mon premier contact avec l'aviation alliée, probablement Anglaise. De l'autre côté, j'aurais été pulvérisé. Sans doute ai-je bénéficié d'une protection ce jour là !

Aucun Alsacien de notre groupe ne fut même blessé. Nous avons repris notre service comme si rien ne s'était passé.

Nous avons ultérieurement eu la satisfaction d'apprendre que la caserne de Bothfeld avait été détruite au cours d'un autre bombardement allié. Ce fut une bonne nouvelle pour nous autres Alsaciens.

Fin juillet 1943, après ces classes difficiles, un congé nous fut accordé. Me voici donc de retour à Kaysersberg où j'ai retrouvé avec bonheur mon père et Marthe. Ce bonheur était évidemment assombri par la perspective du retour à la Wehrmacht, avec en vue cette fois-ci, l'inévitable départ pour le front et une totale inconnue sur le lieu de combat de mon affectation. Mes adieux de juillet 1943 furent encore plus douloureux que ceux de mars. J'en passe les détails.

De retour dans mon unité à Hanovre, j'ai été placé dans une compagnie qui devait partir pour l'Italie, dans la DCA (Défense Contre les Aéronefs qui s'appelait FLAK dans l'armée Allemande) qui était en principe ma spécialité.

La FLAK
Hanovre

Avril
1943

Je suis le
4ème en bas
à partir de
la gauche

Pour nous autres Alsaciens, cela représentait une meilleure opportunité de déserter de l'Armée Allemande et d'être fait prisonnier par les Alliés plutôt que par les Soviétiques. Ce jour là, nous étions tous alignés devant la caserne de Bothfeld (pas encore détruite) par compagnies, équipés de nos sacs à dos et de tout notre matériel de campagne. A quelques secondes du départ, nous vîmes un officier sortir en courant de la caserne en brandissant un papier. Cette scène est restée gravée avec précision dans ma mémoire comme si je l'avais photographiée. L'officier demanda s'il y avait des Alsaciens dans le groupe que nous formions. Il y en avait évidemment plusieurs. Fiers de cette distinction d'avec les Allemands et fiers de notre origine, nous sommes tous sortis des rangs à la demande du gradé. L'officier nous déclara alors :

- Vous n'irez pas en Italie mais dans un pays bien plus beau.

Il s'agissait de la Finlande. Cette destination était certes moins belle que l'Italie, mais certainement moins dangereuse à l'époque. Et il ne s'agissait pas non plus de la Russie. Là aussi, d'où me venait cette protection ?

La Finlande.

Nous prîmes donc le train pour Dantzig, en Pologne occupée, afin d'y embarquer dans un bateau à destination de la Finlande. Je traînais ce jour là un paquet de provisions préparé par Marthe et sa mère et rapporté de Kaysersberg. Il était tellement lourd qu'au bout de cent mètres je n'en pouvais plus. Cependant j'arrivais à effectuer quatre bons kilomètres, sans doute mû par la perspective d'une nourriture rare par la suite. Ce trajet me paru un véritable exploit.

Notre traversée de Dantzig vers la Finlande se déroula sans encombres. Les Soviétiques étaient occupés ailleurs et ont ignoré notre convoi. A cette époque là, les Allemands occupaient les pays de la Baltique et les Soviétiques se battaient toujours à Leningrad qui n'a jamais été conquise.

Nous prîmes pied à Turku en Finlande après trois ou quatre jours de navigation. Ce port était situé dans le Sud-ouest du pays. Nous partîmes ensuite en train de Turku à Kemi, au fin fond du golfe de Botnie. La suite du voyage se déroula en camion jusqu'à la ville de Rovaniemi, sur le fleuve Kemijoki, à quelques kilomètres du cercle polaire Arctique. Nous fûmes affectés à la défense de l'aérodrome militaire de cette ville, à quelques kilomètres de l'agglomération, dans une batterie de DCA. Nos canons étaient des 80 millimètres.

Notre camp était d'un confort inespéré surtout compte tenu des conditions de l'époque. Il se composait de cases hémisphériques en stratifié. Elles étaient conçues en deux parties, séparées par un vide d'isolation. Un poêle à bois chauffait les lieux. Une chance dans un pays où il n'était pas rare d'avoir moins trente degrés Celsius en hiver.

L'entraînement au tir consistait à suivre sur un petit écran, une aiguille réglée sur une centrale qui ajustait la cible. Une deuxième aiguille, manipulée par l'un des serveurs, devait suivre la première. En un an de présence, je ne dus assister qu'à un seul tir sur cible réelle. Il s'agissait d'avions Soviétiques venus attaquer ou survoler l'aérodrome. Aucun des avions ne fut abattu ce jour-là. Ce fut la seule activité opérationnelle dont je me souviens.

Le reste du temps était consacré à la maintenance des canons et à l'entretien du camp.

Un jour, je fus autorisé à prendre part à une sortie à Rovaniemi pour assister à un spectacle de variétés et écouter de la musique. Un couple de Français, notamment, montra un jeu d'ombres chinoises sur écran. Puis ils se mit à chanter une chanson Française bien connue : « Parlez-moi d'amour ». Je ne pus résister à l'émotion qui me submergea alors et versais des larmes que je m'efforçais de cacher. Ce fut un moment douloureux pour moi, de me souvenir de tout ce que j'avais quitté dans ma lointaine patrie alors que mon avenir était tellement incertain.

Tous les matins, l'Adjudant inspectait les logements de la troupe. J'eus un jour l'audace de sourire lorsqu'il était en train de sortir. Au même moment il s'est retourné. M'ayant vu, il me demanda pourquoi j'avais ri. Je lui répondis que je n'avais pas ri mais souri ! Ces propos furent considérés comme des entorses à la discipline et l'Adjudant en question me prit en grippe. Je ne me souviens plus du détail des sanctions qui me furent infligées.

Un autre jour, le Capitaine nous réunit dans une salle pour nous faire un discours moralisateur. Il nous expliqua ce jour-là que la fidélité conjugale était une qualité germanique. Il ne devait guère être un véritable Germain, car une nuit, alors que je montais la garde à l'extérieur, je vis sortir une superbe créature de sa case vers les cinq heures du matin ! Mais silence obligatoire.

En avril 1944 on m'accorda un dernier congé de quinze jours. Je retrouvai pour la dernière fois ma famille (sous l'uniforme Allemand). Je vis mon père, Marthe, ainsi que ma sœur dont le mari avait lui aussi été incorporé de force.

Comme les fois précédentes, ce fut la joie des retrouvailles. D'autant plus que Marthe et moi décidâmes de procéder à nos fiançailles. La fête eut lieu chez Marthe comme les vieilles photos l'attestent. Cette cérémonie fut pour nous l'occasion de montrer la pérennité de nos sentiments l'un pour l'autre et d'affirmer nos volontés de rester ensemble pour l'avenir si nous étions épargnés par la guerre.

Nos adieux furent déchirants.

Je retrouvais la mort dans l'âme ma batterie à Rovaniemi, après un long voyage triste mais sans histoire.

Puis vint l'ordre de réunir dix pour cent de nos effectifs pour renforcer l'infanterie de la Wehrmacht. Je fis évidemment partie des sacrifiés. En fait, nous fûmes rassemblés, en attendant, dans un camp qui s'appelait Sarenkylä, à proximité de Rovaniemi. J'ai pu garder en mémoire le nom de ce camp parce qu'il a joué un rôle prépondérant pour la suite de ma carrière obligatoire dans l'Armée Allemande.

Nous étions sous les ordres d'un Capitaine qui était pasteur protestant de son état. Je fus affecté dans son secrétariat. Le Capitaine me permit d'aller à la Messe régulièrement à Rovaniemi et me prit en amitié. D'autant plus lorsque je lui appris que je venais de la région de Colmar.

Sarenkylä en Finlande non loin de Rovaniemi, capitale de la Laponie.
Sur cette photo, faite au camp de rassemblement des soldats désignés pour le front, figure au centre le Capitaine pasteur qui m'a sauvé la vie en me faisant muter initialement dans un bureau.
Je suis couché à gauche de la pancarte.

Ce fut à cette époque qu'eut lieu l'attentat de 1944 contre Hitler. Il en réchappa de justesse.

Chargé du secrétariat, j'appris dans la même nuit que le salut de l'Armée Allemande (qui s'apparentait au salut pratiqué dans l'Armée française) avait été remplacé par le salut nazi ou Hitlérien, bras droit levé. J'en informai immédiatement le Capitaine qui me sembla très contrarié. Il accueillit en effet la nouvelle avec fraîcheur mais ne fit aucun commentaire.

Il me demanda un jour si je connaissais le Retable d'Issenheim, œuvre magistrale du fameux peintre Allemand Grünewald, actuellement conservée au musée Unterlinden à Colmar. Après avoir répondu par l'affirmative, ce qui était vrai, mes relations avec le Capitaine s'établirent au beau fixe.

Le séjour à Sarenkylä toucha finalement à sa fin et les recrues furent dispersées dans différentes unités. Pour ma part, je fus expédié à Kirkenes, non loin du Cap Nord et, miracle, dans un bureau militaire à l'écart de la ville. Je remercie encore le Capitaine-Pasteur auquel je devais cette mutation privilégiée. Je n'ai plus jamais entendu parler de lui. De qui avais-je la protection ce jour-là ?

Mon travail dans ce poste consistait à inscrire dans un registre les circulaires secrètes en provenance du commandement de la Wehrmacht ! Un travail vraiment sensationnel (!) qui me permit de connaître la vérité sur la situation militaire et en particulier celle du front de Normandie où était en train de s'amorcer une énorme défaite Allemande. Malheureusement, cette situation privilégiée ne dura pas, par ma faute.

Un jour, l'Adjudant qui me faisait face au bureau, traita le Général De Gaulle de traître. Je ne pus supporter cet affront fait au chef de la France libre. Je lui répliquai que le Général n'était pas un traître mais qu'il défendait sa patrie tout comme lui, Adjudant, défendait la sienne. Qu'avais-je dit ce jour là ! La sanction ne se fit pas attendre. Je fus muté dans une unité de combat huit jours plus tard. Ces mots me coûtaient très cher mais ils venaient du plus profond de moi-même. Encore aujourd'hui je n'éprouve aucun regret pour les avoir prononcés bien qu'ils aient failli me coûter la vie ultérieurement.

Le front Allemand en Finlande.

Arrivé à Kirkenes, je fus finalement incorporé dans une batterie de DCA, en tant que servant de canons de 37mm à cadence rapide. Je ne le savais pas encore mais ce fut là ma dernière affectation dans la Wehrmacht.

A ce moment-là, la situation militaire Allemande en Finlande était totalement compromise. Les Finlandais avaient obtenu un armistice avec les Soviétiques. Cet armistice spécifiait notamment que les armées finlandaises devaient chasser les Allemands de la Laponie, c'est-à-dire du Nord du pays. La retraite Allemande par le Sud s'avérait donc impossible. Toutes les troupes devaient donc obligatoirement reculer par la Norvège et le Cap Nord.

C'est dans cette unité que j'ai rencontré un autre Alsacien, Albert Ottmann originaire du village de Kurtzenhouse dans le Bas-Rhin. Bien naturellement, nous nous liâmes d'amitié et nous eûmes la chance de rester ensemble jusqu'à la fin de la guerre. Nous saisîmes même l'opportunité de quitter nos ennemis ensemble. Nous sommes toujours en relation, téléphonique certes, mais encore aujourd'hui, soixante-trois ans plus tard !

Nous participâmes donc à cette fameuse retraite Allemande et parcourûmes toute la côte norvégienne à partir de Kirkenes. Cette manoeuvre dura plusieurs mois. Les transports se firent par camions jusqu'à Trondheim et il fallut traverser l'un ou l'autre fjord par bateau.

Un jour, alors que nous avions établi notre camp provisoire (aux alentours de Noël 1944 d'après mes souvenirs), on nous servit un gâteau pratiquement impossible à avaler tant le goût était horrible. En effet, il avait été fait avec un sucre mélangé au sel ! Certainement un acte de résistance de la part d'un inconnu. Ma faim était telle que je dévorai ma part en totalité et même plus.

Je fus un soir, témoin d'un accident dramatique. Nous étions à plusieurs dans une maison norvégienne dont les occupants avaient fui avant le passage des Allemands. Nous étions au premier étage quand soudain un coup de feu claqua au rez-de-chaussée. Il s'agissait d'un de ses collègues qui fit une fausse manœuvre en manipulant son arme à l'étage en dessous. Un Allemand qui se trouvait près de moi s'écroula, frappé en pleine tête. Sa mort aussi brutale qu'inattendue fut un spectacle difficile à supporter.

Finalement, ce long voyage jusqu'à Trondheim fut payant puisque notre arrivée en Allemagne et sur le front Soviétique fut retardée d'autant.

A partir de Trondheim, nous prîmes le train jusqu'à Oslo puis Kristiansand. Durant ce trajet pour un ou deux jours, nous fûmes affectés, Albert et moi, à la garde d'une mitrailleuse anti-aérienne installée sur un wagon-plateau. La température descendait jusqu'à moins quinze degrés. Lors de notre tour de garde, j'aperçus à un certain moment que le nez d'Albert était devenu tout blanc, ce qui signifiait danger de gelure. Je pris de la neige et lui frictionnai le nez jusqu'à ce que cet organe olfactif retrouve une couleur normale.

Nous fîmes un arrêt à Oslo avant de repartir vers le port de Kristiansand où eut lieu notre embarquement vers le Danemark à destination de Aarhus près de Copenhague.

Une surprise nous attendait au Danemark. En février 1945, ce pays était encore un pays de cocagne ! Nous en profitâmes pleinement et je me souviens avoir fait un repas gargantuesque dans la salle où nous étions logés. Au menu il y avait une omelette de plusieurs oeufs, un demi-litre de crème, un demi « kommis », le pain de la Wehrmacht et un

Bleu de Bresse ou équivalent. Un Allemand m'avait vu manger ce fromage et m'expliqua qu'il ne comprenait pas pourquoi je le mangeai vu qu'il était parait-il « pourri ». Je me gardai bien de le détromper et ne perdis pas l'appétit pour autant !

Ce fut pour nous la fin de la fuite vers le Sud. Les choses sérieuses allaient commencer. Nous embarquâmes dans un train à destination du front Soviétique. Nous traversâmes d'abord Berlin, la capitale du Reich et nous pûmes constater de visu les incroyables dégâts causés à cette ville par les bombardements alliés. Cette vision de milliers de maisons détruites, brûlées, abandonnées, m'est restée en mémoire depuis ce jour dont j'ai oublié la date.

Nous fûmes postés à environ deux ou trois kilomètres du front où les Soviétiques avaient établi une tête de pont. C'était en fait un périmètre occupé par les Soviétiques sur la rive occidentale de l'Oder près de Francfort, périmètre qu'ils avaient transformé en forteresse inexpugnable. Le reste du fleuve était toujours Allemand sur sa rive gauche. Je me rendis alors compte, que mon ami Albert et moi avions eu bien de la chance d'être affectés à la DCA. En effet, au lieu d'aller en première ligne, nous prîmes position à proximité d'un carrefour routier dont nous devions assurer la protection antiaérienne, à l'arrière du front.

En avant de notre position, dans une combe, les Allemands avaient installé une batterie d'obusiers de 210mm, récupérés dans l'Armée Française, qui devait faire des dégâts considérables chez les Soviétiques. On voyait à l'oeil nu les projectiles sortir des obusiers ! L'artillerie Soviétique a cherché à toucher cette cible à plusieurs reprises mais la manne céleste tombait plutôt au-delà de la combe, c'est à dire près de notre position. Nous nous en tirâmes cependant sans dommage.

Un autre jour, nous avions reçu l'ordre de viser avec nos canons un avion de chasse Allemand qui tournait au-dessus de nous. C'était soi-disant pour nous faire faire un exercice en vraie grandeur. Ce fut une erreur de notre Adjudant qui aurait pu nous être fatale. L'aviateur, voyant les canons de notre DCA le suivre, plongea en piqué sur notre position et nous mitrailla avec ses armes de bord. Je me souviens avoir vu arriver les projectiles au sol et vers moi. Je me jetai la tête la première dans mon trou ! J'en fus quitte pour une énorme frousse et m'en tirai intact. De qui avais-je eu la protection ?

Pour obtenir notre ravitaillement nous devions à tour de rôle aller à la roulante (cuisine de campagne), en nous déplaçant entre nos différentes positions. Je fus un jour désigné pour cette tâche pour chercher le repas de midi. J'étais presque arrivé à la cuisine quand l'artillerie Soviétique se mit à tonner.

Des obus tombèrent sur notre position en mon absence. Nous étions quelques-uns à nous être réfugiés dans un abri de fortune où nous avons rencontré de jeunes recrues polonaises âgées de seize à dix-sept ans qui pleuraient en appelant leur maman. Notre groupe de corvée s'en tira sans dommage ce jour là. Mais un peu plus tard, de retour sur notre position, nous vîmes qu'il s'en était fallu de peu pour qu'il y ait des blessés voire des morts. En effet, un obus à percussion immédiate était tombé juste à côté d'un trou où il y avait un des soldats de notre unité. Il fut sonné sur le coup mais resta indemne !

Les choses n'allaient pas en rester là. Une autre nuit, l'artillerie Allemande se déchaîna pour stopper une attaque Soviétique. Ce fut à la suite de ce feu Allemand que nous fûmes retirés de notre position et que nous nous installâmes à environ deux ou trois kilomètres en retrait.

Nous y restâmes pendant un temps indéterminé. Dès notre arrivée sur les lieux, Albert et moi avons insisté pour creuser une fosse pour les WC. Nous avions pour objectif, à chaque nouvelle installation de faire ce travail le plus rapidement possible pour disposer en priorité d'un abri contre les bombardements Soviétiques. Nous creusions jusqu'à une profondeur qui nous permettait de ne plus dépasser le sol en nous inclinant. Ensuite nous pouvions prendre notre temps pour faire le reste des travaux de notre cantonnement, ce qui échappait à tout contrôle de nos chefs qui avaient d'autres chats à fouetter.

Le 16 avril 1945, j'étais de garde de nuit. Subitement, vers deux heures du matin, la ligne de front s'illumina en partant du Nord vers le Sud et un terrible roulement de tonnerre ébranla l'atmosphère. Nous nous rendîmes compte immédiatement qu'il s'agissait d'une attaque générale des Soviétiques. Nous n'avions aucune idée de la situation globale mais quelques milliers de canons Soviétiques ne laissèrent aucun répit à la Wehrmacht sur le front. Des vagues successives d'avions Soviétiques déversèrent des tonnes de bombes tout autour de nous. Notre position, assez en arrière des premières lignes, fut épargnée ce qui ne fut sans doute pas le cas de notre précédent cantonnement. Un soldat de notre unité fut tué alors qu'il se tenait à l'écart du groupe. Un éclat perdu lui perfora le coeur. Je regardais arriver les avions et au vu de leurs trajectoires, je pus deviner à chaque fois la destination de leur chargement. Je pus même voir tomber les bombes.

Nous ne restâmes pas sur les lieux. Nous reculâmes vers une nouvelle position car une attaque de chars était attendue. Nous ne l'apprîmes qu'après notre départ précipité.

Une fois sur notre nouvelle position, les artilleurs abattirent deux avions Soviétiques et certains s'empressèrent de courir vers les carcasses encore fumantes pour dépouiller les cadavres des pilotes de leurs bottes. Malheur à celui qui était fait prisonnier par les Soviétiques avec des bottes d'aviateur aux pieds ! Pas de quartier pour ces soldats, ils étaient vraisemblablement exécutés immédiatement.

Mais pour nous, le dénouement allait approcher. Ce fut, pour Albert et moi, dans des circonstances qui me font froid dans le dos encore aujourd'hui, lorsque j'y pense.

L'évasion.

Nous prîmes finalement position à l'orée d'un village qui s'appelait Shoenflies. Là nous fûmes confrontés à une attaque terrestre des Soviétiques qui nous couvrirent de projectiles. Je ne me souviens plus de leur nature avec précision. Cela devaient être des obus de mortier. Le tir précis des canons de 47 mm des Allemands dut probablement causer des pertes en face. Plusieurs soldats de notre unité furent blessés et certains mis à l'abri dans la cave d'une maison isolée, à environ cinquante mètres de notre position. Je fus chargé de transférer notre Aspirant vers cette cave. Il avait été touché par un éclat dans la joue ce qui lui faisait une vilaine blessure. Je l'accompagnai vers cet abri mais en le laissant marcher sur la route et en le suivant dans le fossé parallèle. Il avait été très choqué par sa blessure et m'avait demandé alors d'un ton plaintif si nous allions pouvoir sortir de cette situation. Je répondis que je n'en savais rien ce qui correspondait à la stricte réalité. Finalement il se rendit dans la cave salvatrice (du moins pour le moment).

Le hasard voulut qu'à ce moment-là je trouvai un bout de tranchée abandonnée dans laquelle Albert vint me rejoindre après avoir transporté un blessé dans la cave. J'ai encore en mémoire tous les détails topographiques du terrain qui nous entourait, comme si je les avais photographiés.

J'eus la joie de voir passer sur la route un camion. Il venait de notre position, rempli d'Allemands qui prenaient la fuite ! L'Adjudant-chef le suivait en courant, revolver fumant dans la main. Il réussit à monter dans le camion in extremis. Ce héros qui avait annoncé qu'il se précipiterait sur le premier Soviétique qu'il rencontrerait, se sauvait, lui aussi, comme un lapin. J'aurais pu lui tirer dans le dos en remerciement de toutes les vexations et misères subies. Je ne l'ai pas fait, d'abord parce que sa fuite me remplissait de bonheur et ensuite à cause de l'éducation fondamentalement chrétienne que j'ai reçue dans ma jeunesse.

Il fallut cependant prendre une décision ultime concernant notre sort. Je dis à Albert que j'avais l'intention de me rendre aux Soviétiques. Il me répondit qu'ils allaient certainement nous fusiller. Je lui dis alors qu'ils allaient peut-être nous exécuter mais que moi, j'allais courir ce risque, qui représentait pour moi une réponse à ces deux années de présence obligatoire dans l'Armée Allemande. C'est à cet instant que j'ai retrouvé le respect de moi-même après des mois de lâcheté dans la Wehrmacht honnie. Albert fut du même avis que moi.

Cachés, nous laissâmes passer les premiers soldats Soviétiques qui étaient probablement les plus durs. Au bout de quelques minutes interminables, je pris dans ma main gauche un laissez-passer que des avions Soviétiques nous avaient jeté auparavant et que j'avais conservé au péril de ma vie (En cas de découverte de ce laissez-passer, c'était la pendaison). Dans la main droite, j'ai pris un petit drapeau Français que j'ai encore aujourd'hui. Nous nous levâmes alors ensemble, mains en l'air, moi brandissant mes trésors. A trois ou quatre mètres de nous, un soldat Soviétique se tenait debout, nous tournant le dos. Il ne nous avait pas vus. Je le hélai. Il se retourna brusquement et nous mit en joue. Ô miracle, il ne tira pas et sa mitraillette resta silencieuse ! A qui devais-je cette protection en cet instant, le plus dramatique de ma vie ?

Notre soulagement fut immense, d'autant plus que ce soldat était certainement un asiatique, réputé pour combattre sans quartier. Un autre soldat Soviétique, blanc celui-ci, nous rejoignit immédiatement et nous déclara qu'en qualité de soldats Français nous allions rentrer chez nous ! « Franzuski damoï » se traduit en effet par « les Français vont rentrer chez eux ». Si nous avions su à ce moment là ce qui nous attendait, notre joie et notre espoir aurait été quelque peu refroidis.

Nous eûmes encore un moment de panique lorsqu'un officier Soviétique vint rejoindre notre petit groupe. En effet, il sortit son pistolet de l'étui, et il enleva la sécurité. Je me souviens avoir dit à Albert qu'il allait nous tirer une balle dans la nuque. En fait il nous tenait simplement en respect pour nous conduire dans un petit réduit où nous allions attendre la suite des évènements. Quel soulagement ! Nous aurions voulu embrasser ces soldats mais comment leur faire savoir quelle joie nous éprouvions !

Au bout de quelques heures d'attente, nous vîmes arriver tout un contingent de soldats Allemands prisonniers. On nous rajouta à ce groupe et nous nous mîmes en route vers une première destination inconnue. Combien de temps dura notre marche, je n'en sais plus rien.

Finalement, nous avons tous été enfermés dans une cave. Cet abri nous sembla être un Éden après toutes ces nuits passées à la belle étoile, dans des trous de fortune. Nous eûmes la joie de retrouver de jeunes polonais de notre unité qui avaient réussi à fuir l'Armée Allemande de leur côté. Ce furent de véritables embrassades.

Je profitai de ce séjour pour demander à être entendu par un officier Soviétique, ce qui me fut accordé.

Devant cet officier, je me présentai comme étant un citoyen Français incorporé de force. Je confirmai mon appartenance à une province Française, mon Alsace inoubliable, annexée de fait par les nazis et non pas occupée comme le reste de la France, ce qui faisait une grande différence. Durant cet entretien je me fis une joie de raconter à mon interlocuteur tout ce que je savais sur mon ex-unité de la Wehrmacht. Je donnai les noms des officiers, des Adjudants, la nature de nos canons, bref tout ce qu'un militaire ne doit pas dire lorsqu'il est fait prisonnier. Je l'informai également de la présence de blessés Allemands dans la fameuse cave de Shoenflies où nous avions mis fin à notre présence dans l'Armée nazie. Avec mon ami Albert, nous n'avons jamais su par la suite ce que ces blessés étaient devenus ni le sort réservé à notre unité de DCA alors employée dans une lutte terrestre. Y eut-il des morts ? A la vérité, nous n'en avions cure !

Prisonnier des Soviétiques.

Nous partîmes enfin vers l'est, noyés dans une grande colonne Allemande. Nous avons passé une nuit en plein air dans un grand pré. Nous n'avons pas été maltraités mais nous commencions déjà à souffrir de faim et surtout de soif. Cette grande troupe arriva enfin à Zilenzik (orthographe non garantie) où nous avons été retenus pendant un certain temps. Ce fut dans ce cantonnement que les Soviétiques nous annoncèrent la capitulation sans condition des Armées Allemandes. C'est à cette occasion que nous vîmes les Soviétiques célébrer leur grand chef Staline. Les Allemands acceptèrent tous d'en saluer le nom, un poing levé, ce que de notre côté, je dois le dire, nous fîmes également avec une satisfaction évidente. La race des Seigneurs, comme ils se plaisaient à s'appeler et à nous le rappeler, ceux qui prétendaient conquérir le monde, étaient aujourd'hui vaincus et descendaient de leur piédestal. Ce fut donc toujours dans ce campement que je passai la journée mémorable du 8 mai 1945 qui mit fin à la plus grande tragédie que connut l'Europe.

Par la suite, vivant sans référence d'un calendrier, nous pûmes néanmoins dater le début de notre captivité chez les Soviétiques grâce à ce jour de joie.

Mes souvenirs concernant ce qui s'est passé après cette journée se sont évanouis. Je me souviens que nous arrivâmes enfin dans un camp situé à Francfort sur Oder, ville près de laquelle nous avions quitté la Wehrmacht. Nous fûmes enfin rassemblés entre Français, à l'écart des Allemands. Quel ravissement de pouvoir à nouveau parler notre langue ! Mais il fallut mettre un bémol à notre enthousiasme. En effet, parmi les Français se trouvaient évidemment des Alsaciens enrôlés de force mais aussi des hommes de toutes les unités Allemandes constituées de volontaires Français : Waffen SS, division Charlemagne, miliciens et j'en passe. Le chef de notre groupe, nommé par les Soviétiques, était en fait le chef de la Milice de Cannes (Alpes Maritimes) ville dans laquelle habitait la belle-famille de mon frère René ! La Milice, de funeste mémoire, était une organisation de combat, à la botte des Allemands, luttant contre les résistants Français. Lors de la déroute, la plupart des miliciens prirent la fuite avec l'Armée Allemande.

Très vite la distribution du pain occasionna des plaintes. Certains prétendaient être lésés sur la dimension de leur portion. Afin de couper court à ce problème, je fis une suggestion que tous acceptèrent : je me proposai de couper moi-même les portions et de me servir en dernier sous le contrôle général. Ce fut la fin des récriminations.

Par ordre des Soviétiques, le chef de notre groupe touchait une ration de soupe double de la nôtre tous les jours. Nous nous mîmes lui et moi, à jouer aux échecs. En cas de victoire contre lui, il devait me donner une de ses deux parts. Je fis de mon mieux pour gagner et ce fut bien la seule fois de ma carrière de joueur d'échecs qu'une victoire m'apporta un gain, celui-ci particulièrement apprécié à ce moment-là.

On nous enrôla également dans des commandos qui avaient pour mission de rafler les radios dans les maisons alors inhabitées de Francfort. Pensant à tous ces appareils que les nazis avaient confisqués en Alsace, ce fut avec un plaisir non dissimulé que j'exécutai ce travail !

Le séjour à Francfort, dont je ne garde pas un mauvais souvenir, arrivait à sa fin. les Soviétiques nous séparèrent en deux groupes et je dus quitter mon ami Albert, la mort dans l'âme. Un autre ami dont j'avais fait la connaissance, Lucien Labouébe, de Montrevieux dans le Sundgau Alsacien, fit également partie de l'autre groupe. Nous n'avions pas été prévenus de cette séparation. Par la suite et bien après la guerre quand je revis Albert, je compris que, paraissant probablement plus costaud que moi, il fut envoyé en Crimée dans un camp de travail.

Pour ma part, je partis en train vers une destination inconnue. Les Français et les Allemands étaient dans le même convoi. Ce fut un voyage très dur dans des wagons de marchandise fermés, presque sans eau et sans nourriture. En guise de WC, un trou dans le plancher avec un simulacre de siège ! Nous ne savions rien de notre destination, mais par des petites ouvertures dans la paroi du wagon, nous pouvions jeter un coup d'oeil vers l'extérieur. Nous en déduisîmes qu'on nous transportait vers l'Est, ce qui n'était pas fait pour nous rassurer sur notre sort. La steppe semblait sans limite !

J'avais perdu toute notion du temps qui s'écoulait. Un jour cependant, nous arrivâmes dans un camp de prisonniers dont j'appris rapidement le nom : Schellikowo, à mi-chemin entre Smolensk et Moscou, soit à environ cent kilomètres à l'Ouest de la capitale Soviétique. Les Allemands qui avaient fait partie du convoi furent débarqués avec nous. La soif qui nous torturait donna lieu à une mémorable bousculade quand on nous présenta de l'eau dans un ancien fût d'essence. Cette eau fut à l'origine de la dysenterie qui me toucha rapidement. En effet, elle n'était pas potable car elle sortait d'un puits contaminé. Mais que faire quand la soif devient insupportable ?

Les rations qui nous furent ensuite distribuées nous empêchèrent juste de mourir à court terme.

Dans une partie du camp qui leur était réservée, les officiers Allemands ne travaillaient pas et se portaient apparemment bien ! Pourtant, il y avait une grande pancarte sur laquelle était marqué : « qui ne travaille pas n'a pas besoin de manger ».

Je fus obligé d'aller avec un groupe, chercher du bois en forêt alors que j'avais une de mes bottes dont la semelle baillait. Cela fut un affreux souvenir de captivité ! Ce ne devait pas être le dernier.

Un jour cependant, tous les prisonniers Français furent séparés des prisonniers Allemands et je ne peux pas dire que les adieux furent cordiaux. On nous mis dans un train et nous débarquâmes à Moscou que nous traversâmes à pied parmi les Moscovites qui ne firent preuve d'aucune agressivité à notre égard. Après Moscou, nouveau départ en train vers une destination dont, encore une fois, nous ne savions rien !

Finalement, nous arrivâmes dans le célèbre camp de prisonniers de Tambov, à mi-chemin entre Moscou et Stalingrad (aujourd'hui rebaptisée en Volgograd). Ce camp de prisonniers Français fut en réalité un mouroir ! Des milliers de compatriotes y laissèrent leur vie, non pas véritablement à cause de mauvais traitements à l'époque où je l'ai connu, mais en raison de l'absence de nourriture correcte et de notre eau qui était polluée.

En arrivant au camp, notre groupe fut dirigé vers une « baraque », un trou creusé dans le sol dont le toit était constitués de rondins recouverts de terre. Quatre rangées de couchettes nous attendaient, deux au milieu et une de chaque côté. Il s'agissait de planches sans matelas évidemment. En pénétrant dans notre trou, nous étions attendus par des millions de puces et de punaises. Nécessité faisant loi, la seule méthode trouvée pour diminuer cette population d'insectes et d'acariens fut de courir autour des installations centrales pour en récolter le plus possible sur nos vêtements et de nous secouer dehors. C'est l'exacte vérité de ce qui nous est arrivé.

Pas de mauvais traitements nous furent infligés dans ce camp mais la nourriture faisait gravement défaut et l'eau n'était pas potable. Ma dysenterie s'aggrava au point que je dus m'aliter – si l'on peut dire – afin de recevoir des « soins ». Ils consistaient à absorber des cendres, seul charbon disponible, et du permanganate ! A partir de ce jour là, je n'ai pas compris comment j'avais fait pour survivre à un pareil régime. De qui avais-je la protection à ce moment là ?

La vie au camp n'était pas toujours monotone. Une chorale Française y avait été créée et nous discutions beaucoup entre nous. J'y avais aussi trouvé un ami, Joseph Peter, originaire de Kaysersberg notre village natal si lointain, ami que j'ai retrouvé après la guerre.

Je ne me souviens pas des dates exactes de mon séjour à Tambov. Il me semble avoir passé Moscou à l'aller le 1er août 1945.

Un beau jour, je fus sorti du camp pour rejoindre à la gare proche de Rada un train de malades et d'éclopés qui devait partir pour l'Allemagne. Un ami m'aida dans ce transfert, ami dont j'ai ultérieurement perdu la trace. Ce fut un voyage épique en wagons de marchandises, couchés à même le plancher. Ce train mit environ trois semaines pour arriver à Brest-Litovsk, à la frontière polonaise. Ce fut dans cette gare que nous fûmes transférés dans un wagon ambulance Allemand. Ce changement fut nécessaire en raison de l'écartement des rails plus important en Union Soviétique qu'en Allemagne. Pour moi, je passai de l'enfer au paradis. On trouvait dans mon nouveau wagon de vrais lits, un médecin Français, qui plus est, originaire de Dettwiller dans le Bas-Rhin, le docteur Wolf. Ce dernier était affecté à notre wagon. Je reçus des médicaments, vraisemblablement des sulfamides, qui mirent un terme immédiat à ma dysenterie.

A mon retour en Alsace après la captivité j'ai adressé un courrier de remerciement à ce médecin.

Le train nous mena ensuite à Francfort sur Oder, d'où nous étions partis ! Un périple inutile de plusieurs milliers de kilomètres ! Quelle économie pour les Soviétiques ! Je n'ai jamais trouvé d'explication valable à cette façon de procéder, alors que nous étions supposés être les amis des Soviétiques en tant qu'Alsaciens. Mais après tout que pouvaient-ils savoir de notre province et de son attachement à la patrie Française ?

On nous transporta dans un hôpital de Francfort où nous trouvâmes toujours de vrais lits et un confort acceptable. La nourriture était correcte. Je ne me souviens pas des soins qui nous furent prodigués, toujours est-il que je repris quelques forces.

A l'entrée de l'hôpital, un officier Allemand, prisonnier des Soviétiques, devait nous inscrire dans un registre. A sa demande, je déclarai ma nationalité Française. Il me demanda alors comment cela se faisait que je connaissais aussi bien l'Allemand ? Je lui répondis que j'étais Alsacien. Il me rétorqua : « Also doch Deutscher », ce qui voulait dire : « donc tout de même Allemand ». Ces paroles dans la bouche d'un soldat d'une armée vaincue comme aucune autre ne l'a jamais été me mirent en colère. Mais que pouvais-je faire avec la

présence des Soviétiques et ma faiblesse physique ? Je ravalai mon exaspération et je garde encore aujourd'hui le souvenir de ce qui fut pour moi
une insulte grave.

Pour dormir, je partageais une chambre avec un
autre Alsacien dont j'ai oublié le nom. On nous
donnait régulièrement une bouteille d'eau chaude
pour nous réchauffer les pieds. Comme je ne dor-
mais pas ce soir là à cause de la vermine qui me
démangeait, je vis mon voisin de chambre saisir sa
bouteille vers deux heures du matin pour boire. Je
savais que cette eau, s'il la buvait, allait le faire
passer de vie à trépas. Je sortis de mon lit pour lui
enlever la bouteille en lui disant : « Veux-tu donc
mourir ? ». Le lendemain, il me remercia de mon
intervention.

Ce même jour on nous donna un produit à mettre
sur la peau pour éliminer les parasites. Je dormis
comme un loir la nuit suivante. A mon réveil, je vis
que mon voisin, poussé par une grande soif, avait
finalement vidé sa bouteille. Il en était même déjà
mort. Nous avions de l'eau potable à notre disposi-
tion mais seulement le jour, car la nuit, nous étions
sensés dormir. Je pus en informer sa famille de son
décès après mon retour en Alsace. Triste obligation.

Je ne me souviens pas du temps que j'ai passé dans cet hôpital de Francfort sur Oder ni des dates précises.

Un matin on nous fit sortir du bâtiment et nous fûmes embarqués dans des camions Soviétiques qui nous transportèrent à proximité de Magdebourg, près de la zone d'occupation Britannique. Nous dormîmes ce soir-là sur la paille, dans une grange. Le lendemain matin des camions Anglais nous prirent en charge et ce fût pour nous la fin d'une longue et dure captivité auprès des Soviétiques. Notre moral remonta en flèche d'autant plus que nous fûmes séparés des Français non-Alsaciens qui furent gardés derrière des barbelés par des sentinelles Anglaises armées. Cette reconnaissance de notre qualité d'incorporés de force fit naître en nous une immense joie. Vive la France !

Libéré.

Nous séjournâmes pendant quelques jours dans ce camp Anglais puis nous fûmes embarqués dans un train en direction de la France en passant par Eindhoven en Hollande. Nous fûmes surpris par la vitesse du convoi, comparativement à celle des trains Soviétiques qui ne couvraient que deux cents kilomètres par jour. Nous arrivâmes donc rapidement à Bruxelles où nous eûmes droit à une réception dans une grande salle avec un petit déjeuner qui nous sembla paradisiaque après tant de jours de jeûne et de prétendus repas.

Après un discours de bienvenue, de Monsieur l'Ambassadeur de France en Belgique, nous entonnâmes une vibrante Marseillaise que je ne pus, quant à moi, terminer en raison des larmes que je ne pouvais plus retenir. Après tant de souffrances, j'étais presque de retour dans mon pays, loin des nazis !

Le train nous emmena ensuite à Valenciennes dans le Nord de la France où un colis de la Croix rouge nous fut attribué. Je me souviens avoir fait un bon repas, mais les maquereaux que j'ai avalés ce jour là ont eu du mal à passer et depuis cette date je n'ai jamais plus pu les supporter. Le voyage continua ensuite vers Chalons sur Saône où nous fûmes logés dans une caserne. Là, on nous servit des repas chauds avec de la viande, et même un quart de vin ! Cette nourriture était pour nous miraculeuse et venait d'un monde que nous avions perdu depuis plusieurs années.

Nous avons été présentés à un officier Français qui avait devant lui un énorme livre dans lequel figuraient apparemment les noms des traîtres à la France dont je ne faisais évidemment pas partie.

Un train nous amena ensuite en Alsace. On nous avait dit qu'il fallait y rester jusqu'à Strasbourg. Lorsqu'il s'arrêta en gare de Colmar, personne n'aurait pu m'empêcher de descendre du wagon ! Je traversai le souterrain sous les rails pour rejoindre le premier quai près de la gare. En montant l'escalier, je rencontrai une vieille connaissance, Monsieur Rink, ami de ma famille et promu chef de gare de Colmar. Je le saluai, en pleurs, et il ne me reconnut pas. Il me demanda mon nom. Quand je le lui dis, il n'en crut pas ses yeux car j'avais l'air d'un vagabond, non rasé et extrêmement maigre. Il me donna les premières nouvelles de ma famille et de ma fiancée. C'est là que j'appris donc qu'ils étaient tous vivants.

On me dirigea vers une pièce de l'entraide Française où l'on me servit un verre de vin ! Je pris place ensuite dans une camionnette qui me déposa sur la place de l'église à Kaysersberg. Je me dirigeai immédiatement vers le domicile de mon père qui n'était pas là. Je sonnai alors chez madame Maurer, la propriétaire de la maison qui logeait au premier étage. Elle m'ouvrit la porte du hall et me dit : « bonjour Monsieur » sans me reconnaître. C'est en lui répondant : « bonjour madame » qu'elle me reconnut à ma voix.

J'étais donc de retour à mon point de départ quitté le 23 mars 1943 et nous étions au 7 novembre 1945, seules dates dont je me souviens avec exactitude.

Quelques minutes plus tard, mon père et ma soeur Maria arrivèrent à toute allure. Ils venaient de l'église où ils étaient en train de prier pour mon retour ! Tout de suite après arriva Marthe, ma fiancée, informée de mon retour par une connaissance.

C'est ainsi que se termine mon épopée. Je pesai encore 50 kilos au lieu des 75 habituels ! Mes jambes étaient couvertes d'esquarres dont je garde encore quelques traces aujourd'hui. En outre je

souffrais de graves troubles digestifs qui nécessitè-
rent de longs soins.

Certains de ces problèmes de santé durent encore
aujourd'hui, quoique atténués. J'avais donc survécu
par miracle à une guerre abominable.

Marthe

*Visite en
Amerschwihr,
Village détruit
à 95%
au cours des
combats de la
libération.*

Paul

Marthe
et
Paul

En amoureux
Près de chez nous
Dans les ruines
d'Amerschwihr

Épilogue.

J'ai utilisé plusieurs fois pendant ce récit le terme de « protection ». Je ne voudrai pas clore mon histoire sans faire part de ma conviction à ce sujet. En tant que Catholique pratiquant, j'avais eu depuis mon enfance une dévotion particulière pour Marie, Mère de Jésus. Je suis persuadé qu'elle a veillé sur moi pendant toute cette période où j'ai échappé, à plusieurs reprises, à une fin tragique.

Mon ami Albert est revenu lui aussi, mais seulement en avril 1946. J'ajoute que j'ai gardé, pendant de longues années, un ressentiment très vif - pour ne pas dire plus - envers ceux qui étaient responsables de la catastrophe qui avait ravagé l'Europe et le monde. Je dis cependant, à ceux de ma famille, qu'il faut aujourd'hui pardonner mais pas oublier, afin que des faits pareils ne puissent se reproduire.

J'eus la satisfaction de voir notre fils aîné Alain, embrasser le métier d'aviateur dans l'Armée Française, sans que je sois intervenu à aucun moment pour l'influencer. J'ai pleuré lors de la magnifique cérémonie du baptême de sa promotion à l'École de l'air de Salon de Provence.

Quant à notre deuxième fils Denis, il fait carrière en tant que pilote dans la compagnie Air France après avoir réussi le difficile concours d'entrée à l'École Nationale de l'Aviation Civile. C'est une belle revanche pour moi, patriote Français.

Mariés en 1947, Marthe et moi sommes toujours heureux d'être ensemble à Thann en Alsace en 2013.

Fin

Documents.

Les incorporés de force d'Alsace et de Moselle.

D'après le site internet 2008 : http://www.nithart.com/incorpor.htm

En raison de l'annexion forcée de l'Alsace en 1940 (et non de droit comme en 1870) environ 130.000 Alsaciens et 30.000 Mosellans furent incorporés contre leur gré dans l'Armée Allemande pour combattre sur le front Soviétique à partir de 1942. Ces hommes furent surnommés les "Malgré-Nous".

Dans un premier temps, le Gauleiter Wagner, chef de l'administration civile en Alsace s'efforça dès 1940 d'inciter le plus grand nombre possible d'Alsaciens à se porter volontaires pour la Waffen-SS ou la Wehrmacht. Les résultats furent loin des objectifs souhaités : entre début octobre et fin novembre 1940 il y eut seulement 32 volontaires et un total de 2100 avant l'incorporation obligatoire. C'est le Général Keitel, Generalfeldmarschall depuis juillet 1940 (déjà en 1938 chef du haut commandement de la Wehrmacht) qui, en liaison avec Wagner (les deux installés à Strasbourg) décidèrent, sur instruction d'Hitler, l'incorporation obligatoire des Alsaciens et Lorrains essentiellement dans la Wehrmacht. Cette incorporation incluait les hommes nés en 1922, 23 et 24 et commença le 12 octobre 1942. Celle-ci se termina le 8 février 1944. Si les appelés décidèrent au début de refuser et d'envisager une fuite en France, ils furent cependant contraints d'obéir, étant sujets sinon à la loi martiale et condamnés à la peine de mort. Ceux qui refusèrent de porter l'uniforme Allemand, furent exécutés, leurs biens mis sous séquestre et les familles déportées.

Ne faisant aucune confiance aux recrues Alsaciennes et craignant leur désertion, les Allemands décidèrent d'envoyer la majorité d'entre elles sur le front Russe ou se trouvait déjà la L.V.F. (Légion des Volontaires Français), qui était constituée d'engagés volontaires pour aller combattre les communistes sur le front Russe. Les Russes, qui ne faisaient aucune différence entre les Français de la LVF et les Alsaciens enrôlés de force dans la Wehrmacht, les considérèrent tous comme des traîtres et les tuaient systématiquement et les faisaient, parfois seulement, prisonniers.

Le camp le plus renommé est celui de Tambov, aussi connu comme le camp N°188, situé à 430 km au Sud Est de Moscou. Il semble qu'au début, les prisonniers Français, comme les Allemands ont été envoyés dans une centaine de camps répartis en Biélorussie, en Sibérie, en Prusse de l'Est et autres camps d'Asie Centrale. Un certain regroupement s'est fait ultérieurement sur Tambov.

Des "Malgré-Nous" ont également été faits prisonniers par les Américains, Anglais et Français des Forces Françaises Libres. Certains ont été prisonniers au Camp de La Flèche dans la Sarthe, dans des conditions difficiles mais qui n'avaient rien à voir avec les camps Soviétiques.

Il semble qu'à la Libération, le Général de Gaulle ne soit pas intervenu en leur faveur, ne voulant mécontenter ni Staline avec qui il envisageait certaines alliances politiques, ni les communistes.

Ceux qui survécurent aux camps et rentrèrent en France subirent, en plus, une terrible humiliation, étant assimilés par certains aux volontaires de la LVF, donc à des traîtres, et surtout diffamés par le parti communiste qui ne tolérait pas qu'ils puissent dénoncer les souffrances subies dans les camps Soviétiques !

Une grande partie des prisonniers est revenue en France en automne 1944, d'autres, prisonniers dans d'autres camps du territoire Russe, ne rentrèrent qu'en 1945, 1946 et même 1947. Il semble que le dernier prisonnier soit rentré le 16 avril 1955 !

Il existe à Riedisheim en Alsace, depuis 2001, un mémorial commémorant le destin tragique d'une grande partie de ces incorporés de force dont plus de 17000 périrent dans les camps Russes. Huit autres monuments sont actuellement installés ou en cours d'installation dans le reste de l'Alsace.

Pour bien comprendre le sort tragique des prisonniers dans les camps Russes, le plus simple est de reprendre l'intégralité du texte qui est affiché en Français, en Anglais et en Allemand à l'entrée gauche du Mémorial.

Fédération des Anciens de Tambov et internés de Russie.

Mémorial.

D'après le site internet :
http://www.nithart.com/incorpor.htm

Ce mémorial a été érigé en souvenir des 17000 morts alsaciens et mosellans incorporés de force dans la Wehrmacht ou dans d'autres formations militaires allemandes, par l'occupant, durant l'annexion de nos provinces de l'Est au 3ème Reich, de 1940 à 1945, abandonnées par le gouvernement de Vichy, et au mépris de toute légalité.

Ces victimes furent de jeunes gens et hommes nés entre 1906 et 1928, mobilisés du 16 octobre 1942 au 12 janvier 1945, sous la menace de déportation de la famille en cas de désertion.

Passés à l'armée Rouge dès 1943, comme « évadés » ou comme prisonniers de guerre de la Wehrmacht »malgré eux », ils furent traînés de camps en camps, convertis de fait en « travailleurs de force sous-alimentés ».

Une grande partie d'entre eux fut rassemblée très tôt au sinistre camp de TAMBOV dit « camp des Français », à cause de l'importance de la communauté française à certaines époques.

La tyrannie, la sous-alimentation, les punitions arbitraires, le régime excessif de travail, la dégradation du moral collectif, les épidémies, le climat rude, l'habillement insuffisant, la promiscuité, le manque d'hygiène, tous ces facteurs eurent rapidement raison de la population captive. On évalue à environ 50 à 60% les pertes en vies humaines au camp de Tambov qui, de 1944 à 1945, décompta le passage de 68000 prisonniers de guerre de toutes nationalités parmi lesquels le « contingent français » fut le plus exploité.

Peu supportèrent ce régime de persécution psychique, de rations maigres et de travaux forcés auxquels ils n'étaient pas adaptés. Presque tous les survivants ont rapporté des séquelles incurables.

Six « Lazarets » et deux « hospitals » rudimentaires, antichambre de la mort, livraient chaque nuit, au petit matin, leur cargaison de cadavres, jetée ensuite pêle-mêle dans les charniers creusés par leurs camarades en forêt, aux alentours du camp.

Ce mémorial veut être un lieu de recueillement et de réflexion en hommage aux morts qui ont péri inutilement, sacrifiant leur jeune vie sans reproche, sachant que leur dépouille ne serait jamais rapatriée.

La plupart ont été livrés à la terre inhospitalière de Russie dans l'anonymat le plus complet. Des milliers de familles perdirent ainsi toute trace de leur fils, de leur mari, de leur père qui sont morts ni pour l'Allemagne ni pour la Russie, mais dans la fervente attente et l'espoir de regagner la France, leur patrie.

Les rescapés de ces camps russes, originaires d'Alsace et de Moselle ont gardé pieusement le souvenir de leurs camarades abandonnés qu'ils considèrent comme des « martyrs ». Passants, vous aussi ne les oubliez pas !

Photos du mémorial de Riedisheim

Photos du Monument aux Morts de Riedisheim, à gauche du
Mémorial.